AF305897

LA
RÉQUISITION DES HOTELS

PAR LE

SERVICE DE SANTÉ MILITAIRE

RAPPORT

présenté par M. LEQUIME, président de l'*Auberge*

à la Réunion générale des Hôteliers réquisitionnés

le Vendredi 22 Octobre, au Grand-Hôtel, à Paris

CLERMONT-FERRAND

IMPRIMERIES TYPOGRAPHIQUE ET LITHOGRAPHIQUE G. MONT-LOUIS

1915

LA RÉQUISITION DES HOTELS

par le Service de Santé militaire

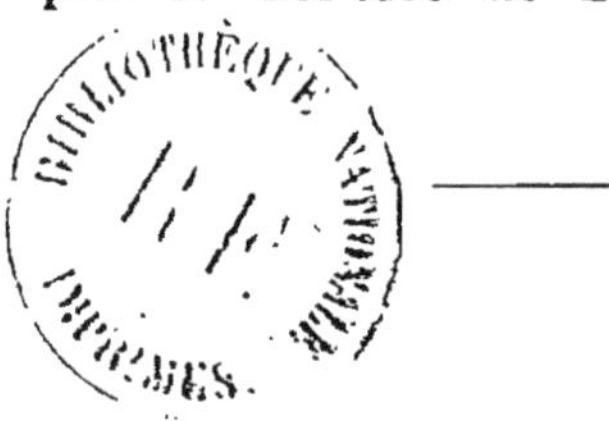

I. — EXPOSÉ PRÉLIMINAIRE

Au cours de l'année 1907 et par application de la loi du 3 juillet 1877 sur les réquisitions militaires, les hôtels qui devaient être éventuellement transformés en hôpitaux en reçurent la notification par les soins du Service de Santé de leur région, et, le lendemain de la mobilisation, cette Administration leur notifia la date à laquelle elle prendrait possession des hôtels réquisitionnés.

Dans certains cas, et par suite de l'affluence des blessés, d'autres hôtels furent réquisitionnés au cours des hostilités par de simples ordres émanant des Médecins-Chefs des places.

Mais quelle que soit l'hypothèse envisagée, il importe de faire remarquer dès à présent que les notifications et les ordres ainsi reçus par les Hôteliers mentionnent que la réquisition porte sur l'établissement désigné sous le nom de *Grand Hôtel de....*, c'est-à-dire sur l'Établissement tout entier.

Ainsi prévenus, les Hôteliers dont les affaires étaient particulièrement prospères à cette époque, firent évacuer leurs hôtels par la clientèle qui y séjournait alors. Au jour fixé, et souvent même avant, les officiers du Service de Santé se présentèrent pour prendre possession des locaux ; dans quelques hôtels, on dressa immédiatement un état des lieux et un inventaire ; dans les autres, ces formalités furent remplies longtemps après ; dans quelques cas enfin, aucun acte ne fut dressé.

Etats des lieux et inventaires furent établis le plus souvent sans méthode et sans évaluation par des gestionnaires incompétents et surchargés de besogne, en présence des Hôteliers impuissants et quelquefois même en leur absence. Aussi, d'une manière générale, n'ont-ils pas été acceptés par les prestataires ou acceptés simplement sous toutes réserves.

En même temps qu'on procédait à ces formalités, on emmagasinait dans des locaux spéciaux la partie de matériel servant à l'exploitation de l'hôtel que les Médecins-Chefs jugeaient inutile au fonctionnement de l'hôpital.

Mais aucune convention ne fut passée avec les Hôteliers pour déterminer les prix et conditions de paiement de la prestation fournie.

C'est ainsi que les hôtels ont été transformés en hôpitaux, qu'ils ont commencé à fonctionner et fonctionnent encore sous ce régime aussi provisoire qu'incomplet.

Vers la fin de l'année 1914, le Gouvernement conviait tous les Français à la reprise des affaires ; les Hôteliers, répondant à cet appel, demandaient immédiatement la libération de leurs établissements, la cessation des réquisitions d'hôtels et le paiement d'acomptes sur les indemnités auxquelles ils pouvaient prétendre. Beaucoup d'entre eux, en effet, privés de leur instrument de travail, ne pouvaient faire face à leurs engagements commerciaux et étaient même gênés pour vivre.

Le Ministre leur fit alors savoir :

« Que les prescriptions réglementaires concernant les réquisitions ne prévoyaient pas les paiements d'acomptes et qu'en conséquence les demandes formulées à ce sujet par les propriétaires d'hôtels ne pourraient recevoir satisfaction qu'à la condition de substituer aux réquisitions des conventions amiables, qui permettraient de verser, à intervalles réguliers, des acomptes aux intéressés. »

Néanmoins, le Ministre estimant que la prolongation des hostilités rendait particulièrement difficile la situation des

Hôteliers, prit sur lui d'enfreindre la loi sur les réquisitions et voulut bien reconnaître que l'Autorité militaire avait le devoir de fournir à ces prestataires les moyens de faire face à leurs engagements commerciaux, ou tout au moins la possibilité de vivre. Le 23 juin 1915, il adressait à ses Directeurs une circulaire leur enjoignant de verser immédiatement des acomptes aux intéressés. Il prenait soin de spécifier que ces acomptes devaient représenter des indemnités raisonnables, sans cependant que leur perception puisse atteindre le total des sommes auxquelles aboutirait l'évaluation définitive de l'indemnité.

L'exécution de cette décision ministérielle nécessita, parait-il, des calculs longs et compliqués. Les Directions régionales crurent trouver la formule de ces acomptes dans une proportion entre le nombre de lits et le nombre de journées de malades ; et, vers la fin du mois d'août 1915, c'est-à-dire après 13 mois d'occupation, elles délivrèrent aux Hôteliers des mandats de paiement dérisoires. Ces mandats étaient payables sous déduction des impôts ; dans certains cas, ils ont été inférieurs à ceux-ci, de telle sorte que l'hôtelier n'a rien touché ; dans tous les autres cas, ils ont été inférieurs de beaucoup au loyer de l'immeuble. La pensée ministérielle n'avait donc pas été comprise et les hôteliers, malgré le paiement de ces acomptes, n'étaient pas plus avancés qu'auparavant. Ils n'avaient, en effet, ni la possibilité de vivre, ni celle de faire face à leurs engagements commerciaux. Cette situation ne s'est pas encore améliorée, les intérêts dus aux créanciers s'accumulent par l'effet du moratorium ; si on ne verse pas périodiquement aux hôteliers des acomptes plus importants et à des époques plus rapprochées, l'Etat les mettra dans la nécessité de lui réclamer des intérêts de retard.

Mais, en substituant aux réquisitions des conventions amiables, le Ministre posait le principe de la division de l'indemnité due aux Hôteliers réquisitionnés en deux parties bien distinctes : l'indemnité d'occupation et l'indemnité de restitution.

II. — INDEMNITÉ D'OCCUPATION

Dans l'esprit du Ministre, les conventions amiables qui devaient être substituées aux réquisitions, n'étaient autres que des baux à intervenir entre les Hôteliers et le Service de Santé sur des bases à déterminer.

Les hôteliers accueillirent favorablement cette solution qui répondait à leur désir ; elle précisait en effet le régime qui allait leur être appliqué et elle leur permettait d'évaluer les disponibilités sur lesquelles ils pourraient compter.

Faisant abstraction des pertes subies et du manque à gagner, les hôteliers calculèrent leur prix de location d'après la formule suivante :

a) *Réquisition d'un hôtel loué :*

1° Montant intégral du loyer, c'est-à-dire somme payée au propriétaire plus les charges accessoires du bail s'il en existe ;

2° Assurances contre l'incendie, impôts, patentes ;

3° Intérêt à 6 % du capital représentant la valeur totale du mobilier et des agencements ;

4° Intérêts à 6 % du fonds de commerce.

b) *Réquisition d'un hôtel exploité par le propriétaire de l'immeuble.*

1° Intérêt à 6 % de la valeur locative de l'immeuble ;

2° Assurances contre l'incendie, impôts, patentes ;

3° Intérêt à 6 % du capital représentant la valeur totale du mobilier et des agencements ;

4° Intérêt à 6 % du fonds de commerce.

Cette demande était faite sous réserve des indemnités qui pourraient être dues par la suite pour réparations et remise en état de l'immeuble, usure et détérioration du matériel, dépréciation du fonds de commerce.

Les pourparlers engagés sur ces bases avec le Service de Santé se poursuivaient au milieu de discussions stériles, quand le Ministre eut l'inspiration de créer des Commissions départementales.

Les Commissions départementales. — Ces Commissions reçurent le nom de Commissions chargées du réglement *amiable* des indemnités dues pour *l'occupation* des immeubles réquisitionnés pour le Service de Santé.

La première en date de ces Commissions, celle des Alpes-Maritimes, après avoir posé en principe que les réquisitions militaires sont une sorte d'expropriation, a abouti à cette conclusion singulière que l'Etat ne devait rien aux Hôteliers réquisitionnés, sous le prétexte qu'en s'emparant de leurs exploitations, il les avait empêchés de faire de mauvaises affaires.

Le rapport de cette Commission, revêtu de l'approbation du Directeur général du Service de Santé, fut, par elle, transmis aux autres Commissions départementales, parmi lesquelles celles de l'Allier et du Puy-de-Dôme. Celles-ci crurent voir, dans une communication faite sous de pareils auspices l'émanation de la pensée ministérielle. Elles en reçurent une, impression que ne put modifier la circulaire du 12 juillet 1915, fixant les bases d'évaluation pour le réglement des réquisitions d'établissements industriels, émanant du Ministre lui-même et transmise par le Général commandant la 13ᵐᵉ région. qui leur recommandait, cependant, de s'en inspirer.

Elles ne voulurent pas davantage prendre en considération la circulaire du 14 août 1915 rédigée par M. Justin Godart et qui, bien que communiquée un peu tardivement, arrivait néanmoins en temps utile pour leur permettre de rédiger leurs conclusions dans un sens plus conforme à leur mission.

Au lieu de préparer la voie aux conventions amiables préconisées par le Ministre et désirées par les Hôteliers, elles s'ingénièrent à critiquer les demandes et à les réduire dans des proportions telles que toute transaction devenait impossible. Et, par des moyens différents, elles aboutirent à des résultats à peu près identiques.

La Commission de l'Allier imagina de faire une distinction entre le matériel utilisé par le Service de Santé et celui qui ne l'était pas, elle évalua le matériel utilisé par des méthodes arbitraires et anticommerciales ; elle alla jusqu'à réduire la valeur locative qui avait servi d'assiette à la patente et finit par proposer une indemnité représentant le 1/3 des sommes réclamées.

La Commission du Puy-de-Dôme puisa ses inspirations dans la loi sur les successions ; elle prit pour point de départ les polices d'assurances, et, tout en acceptant de calculer le loyer de l'immeuble sur les baux ou la valeur locative, estima qu'un loyer représentant 6 % du tiers des valeurs assurées serait suffisant pour rémunérer la location du matériel et du mobilier.

Ces deux Commissions refusèrent de faire entrer en ligne de compte les éléments incorporels du fonds de commerce.

Les conclusions de ces deux Commissions paraissent inspirées surtout par le souci d'atténuer les responsabilités du Service de Santé, et les hôteliers qui figuraient dans leur sein refusèrent de s'y associer.

Les Commissions départementales ont donc abouti à un échec et, après un an d'occupation, la situation des hôtels réquisitionnés reste aussi incertaine qu'elle l'était au début de la mobilisation.

Quelles sont les causes de cet échec ? Nous allons les examiner :

Indemnités représentatives ? — L'article 2 de la loi du 3 juillet 1877 est ainsi conçu : « Toutes les prestations donnent droit à des indemnités représentatives de leur valeur. A quoi correspond, en matière de réquisition d'hôtels, l'indemnité représentative de la valeur de la chose réquisitionnée ? »

Deux thèses sont en présence : celle du Contrôleur général Audibert, qui paraît avoir été suivie par les Commissions, et celle des Hôteliers.

Dans un rapport qu'il adresse au Ministre le 5 juillet 1915, M. le Contrôleur général Audibert, prétend que l'indemnité représentative n'est assimilable ni à la réparation d'un dommage causé par un délit ou un quasi délit, ni aux dommages résultant de l'inexécution, d'une obligation, et il en conclut que l'indemnité représentative pour les hôtels réquisitionnés.

c'est leur valeur d'occupation, et non celle qu'ils pourraient avoir pour les exploitants.

La thèse de M. le Contrôleur Audibert a été également adoptée par le Ministre. Elle est, en effet, littéralement reproduite dans l'instruction relative au règlement des réquisitions d'Hôtels, qu'il a adressée le 5 septembre dernier à MM. les Généraux commandant les régions de corps d'armée, et qui figure au n° 33 du *Bulletin Officiel* du Ministère de la Guerre. Le Ministre, se basant sur les dispositions édictées par la loi pour certaines réquisitions spéciales, comme celles qui concernent les chevaux et les automobiles, en conclut que le législateur n'a pris en considération que la *valeur objective* des objets réquisitionnés et non celle qu'ils pourraient avoir pour leurs propriétaires.

Cette thèse, à l'abri de laquelle l'Etat pourrait commettre tous les actes d'arbitraire, et transformer la réquisition en une véritable spoliation, paraît avoir été inspirée surtout par le souci de couvrir ou tout au moins d'atténuer les erreurs du Service de Santé.

Les Hôteliers, au contraire, assimilent la réquisition à l'expropriation pour cause d'utilité publique et soutiennent que l'indemnité représentative n'est autre que la valeur réelle qu'avait la chose au moment de la dépossession.

L'état de guerre ne saurait avoir pour conséquence de modifier ces principes, et l'on commet une erreur en affirmant que la valeur des objets réquisitionnés subit de ce fait une dépréciation qui doit être supportée par le prestataire.

La réquisition est un acte volontaire, accompli par l'Etat dans l'intérêt de la Nation et qui oblige cette dernière à réparer entièrement le dommage qui en résulte, le prestataire ne devant supporter que la quote-part qui lui incombe dans les charges publiques. Agir autrement, ce serait porter atteinte au droit de propriété, consacrer une injustice au profit de la Nation et créer un privilège au profit des citoyens non réquisitionnés.

Est-ce la faute des Hôteliers si le Service de Santé ne s'est pas rendu compte, dès le temps de paix, de ce que pourrait lui coûter en temps de guerre, la réquisition des hôtels?

Est-ce la faute des Hôteliers si le Service de Santé n'a pas su prévoir une organisation qui l'eut dispensé de réquisitionner des hôtels?

Est-ce la faute des Hôteliers si le Service de Santé, bien que prévenu depuis la fin de l'année 1914 des responsabilités énormes qu'il encourait, n'a pas su trouver depuis cette époque le moyen de remplacer les hôtels par des formations sanitaires moins coûteuses ?

Est-ce la faute des Hôteliers si le Service de Santé a mis plus d'un an pour découvrir qu'il pourrait remplacer les hôtels par des baraquements, qui, d'ailleurs, ne sont pas encore construits ?

Est-ce la faute des Hôteliers si le Service de Santé a jugé bon, comme il l'a fait à Deauville par exemple, d'aggraver ses charges d'occupation en immobilisant pour y mettre 3oo lits. un établissement somptueux qui pouvait en contenir quatre fois plus? Est-il juste que les Hôteliers, qui contribueront par le versement de leurs impôts à toutes les charges de la guerre et au paiement de ces barraquements, supportent encore, à eux seuls et à l'exception des citoyens non réquisitionnés, une contribution supplémentaire sur leurs propres biens? Est-il juste de comparer un hôtel, qui est un instrument de travail et qui constitue l'unique actif de l'Hôtelier, à un cheval ou à une automobile, qui ne représentent qu'une faible partie de l'actif de leur propriétaire? Est-il juste de traiter les hôtels autrement que les Etablissements industriels, alors qu'en hospitalisant nos blessés et nos malades, ils contribuent à la défense nationale au même titre que les fabricants de munitions. qui, eux, réalisent, en outre, un bénéfice sur les fournitures qu'ils font à l'Etat?

Il est d'ailleurs curieux de constater que le Ministre lui-même n'a pu s'empêcher de reconnaître l'injustice à laquelle aboutirait l'application absolue de la théorie de la valeur objective. Dans son instruction du 5 septembre, après avoir déclaré que l'Etat doit rembourser aux Hôteliers certains impôts directs (patente, impôt mobilier). le Ministre ajoute :

« *A vrai dire, le remboursement des impôts ne rentre pas*

dans la valeur objective *de la prestation, telle qu'on devra la prendre pour base du règlement avec les Hôteliers, mais il serait* peu normal *de voir l'Etat faire une recette, alors qu'il a* sciemment *empêché le fonctionnement de l'industrie qui devait la lui procurer.* »

Sera-t-il plus normal de voir l'Etat réduire arbitrairement la valeur locative des immeubles sur laquelle il a établi et perçu depuis de longues années, l'impôt de la patente ? Sera-t-il plus normal de voir l'Etat contester les énonciations des baux sur lesquels il a perçu les droits d'enregistrement ? Sera-t-il plus normal de voir l'Etat méconnaître les actes de vente d'immeubles et de fonds de commerce, ainsi que les obligations hypothécaires sur lesquels il a perçu des droits de mutation énormes ?

L'Etat a-t-il, oui ou non, *sciemment* empêché le fonctionnement de l'industrie qui lui a procuré les recettes dont nous venons de parler ? A-t-il distingué, lorsqu'il a encaissé ces droits et impôts, entre la valeur objective et la valeur réelle ? Peut-on soutenir, après de pareils précédents, que l'Etat, ayant tout pris aux Hôteliers, ait acquis le droit de morceler leur actif, de n'en retenir que ce qui lui plaît, de faire table rase du reste, et d'évaluer, à sa guise, la fraction de cet actif qu'il voudra bien reconnaître lui avoir profité ? Peut-on soutenir que l'Etat ait le droit de prendre un bloc d'acier pour en faire des canons, et de ne payer, sur ce bloc, que ce qui lui aura servi à la confection des canons, à l'exclusion des rognures et déchets de fabrication, sous le prétexte que ces rognures et déchets ne lui profitent point ? Est-ce que l'Etat ne paie pas le bloc tout entier ? Est-il possible d'assimiler la réquisition d'un bloc d'acier à la réquisition des chevaux et voitures ? Faut-il rappeler qu'on ne peut comparer que des choses de même nature et qu'on ne peut davantage comparer la réquisition d'une voiture à celle d'un hôtel, qu'on ne saurait comparer la réquisition d'un cheval à celle d'un bloc d'acier ?

Telles sont pourtant les conséquences auxquelles aboutirait la théorie de la valeur objective préconisée par M. le Contrôleur Audibert et adoptée par le Ministre. Nous lisons.

en effet, dans l'Instruction ministérielle du 5 septembre, le passage suivant :

« *Si une partie seulement de l'hôtel est à la disposition du Service Sanitaire, il faudra tout d'abord évaluer avec le plus grand soin, quelle fraction de l'immeuble total représente — en valeur — la part occupée, et on raisonnera sur cette fraction, comme si elle constituait un Etablissement distinct, entièrement occupé.* »

Le Ministre ajoute d'autre part : « *La perspective de réaliser par l'exploitation d'un hôtel des bénéfices considérables, peut conduire un locataire à accepter un prix de location exagéré et hors de proportion avec la valeur vénale de l'immeuble. Ce n'est pas la valeur* conventionnelle *de spéculation que le propriétaire aura réussi à s'assurer par contrat, qu'il faut prendre, c'est la valeur d'occupation* proprement dite, *abstraction faite des circonstances particulières, qui auront conduit le locataire à accepter de traiter par bail avec un prix majoré.* »

Voilà la théorie de la valeur objective exposée dans toute sa beauté. Ainsi donc, on prétend qu'on peut venir chez nous, prendre le quart, le tiers ou la moitié de nos immeubles et de nos meubles, arrêter néanmoins toute notre exploitation, briser notre instrument de travail, et ne nous payer de tout cela que ce qui sert à l'Etat. Avec ce système, on peut parfaitement concevoir que l'Etat, ayant besoin d'une baignoire dans une maison, pourrait s'emparer de la maison toute entière et ne payer que la location de la baignoire, sans se préoccuper de savoir ce qui adviendrait du reste.

Le Service de Santé a souvent procédé comme cela et c'est pourquoi la thèse de *la valeur objective* lui est particulièrement chère. Par elle, toutes les fautes sont couvertes; avec elle, les responsabilités fondent et disparaissent comme la neige au soufle du Printemps, les Palace deviennent des maisons de cinquième ordre, les lits de luxe des lits ordinaires, les actes de vente et les baux des actes de spéculation, bons tout au plus à percevoir des impôts et des droits d'enregistrement, mais parfaitement méprisables, lorsqu'il s'agit d'évaluer des réquisitions.

Il n'est pas sans intérêt de faire remarquer ici que les

Anglais ont agi différemment que les Français. Ils ne se sont pas préoccupés, eux, de la valeur objective, et ils ont facilement compris que la base d'évaluation était la valeur réelle. Partout où ils ont eu besoin d'hôtels pour installer des hôpitaux, ils ont offert et paient régulièrement tous les mois un loyer d'occupation, dont le prix a été calculé, en tenant compte de la valeur de tous les éléments du fonds, dont l'Hôtelier était dépossédé. Il ne leur est pas venu à l'idée, sur les plages du Nord, de contester les prix indiqués dans les baux, ni de réduire la valeur locative, et lorsqu'ils n'ont pas jugé bon d'utiliser le matériel de l'Hôtelier, ils ont fait emmagasiner ce matériel dans des locaux dont ils paient également le loyer. Les Hôteliers français se félicitent de leurs rapports avec le Service Sanitaire anglais; ils sont au regret de n'en pouvoir dire autant du Service de Santé français.

Il semble cependant que cette Administration ait compris que pour arriver à une solution amiable elle devait entrer dans la voie des concessions. Nous en avons eu l'impression au cours de la visite que nous ont faite récemment M. le Sous-Intendant Goudal et M. l'Officier d'Administration Percerou, délégués du Ministre, qui sont venus très aimablement rechercher avec nous un terrain d'entente pour le réglement de l'indemnité d'occupation. Bien que très partisans de la thèse de la valeur objective, les délégués du Ministre admettent néanmoins qu'il faut y apporter un certain tempérament. C'est ainsi qu'ils consentent à tenir compte du mobilier, du matériel et des agencements non utilisés, mais dans une proportion moindre que ceux utilisés. Ils admettent également que les Commissions d'évaluation doivent changer leurs méthodes d'appréciation et se faire assister, au besoin, d'experts, pour déterminer la valeur des objets.

Mais, en ce qui concerne le loyer et le fonds de commerce, ces Messieurs sont beaucoup moins accomodants et se retranchent derrière une argumentation que les hôteliers ne peuvent accepter. Ils persistent à soutenir que l'état de guerre a eu pour conséquence de diminuer la valeur locative; à leurs yeux, les baux et la patente ne sont que des éléments de renseignement utilisables pour fixer le point de départ de la réduction du prix de loyer; ils estiment que cette réduction doit être supportée par le propriétaire. car la réquisition constitue, à leur avis, un cas de force majeure qui prive le locataire de la jouissance de la chose louée, et l'autorise à ne payer au propriétaire que la somme qu'il recevra lui-même du Service de Santé. Pour les dettes hypothécaires, ils appliquent le même raisonnement : la réquisition, qui est une conséquence de l'état de guerre, doit avoir comme contre-partie une diminution du taux de l'intérêt des créances hypothécaires.

Les Hôteliers n'auront pas la faiblesse de suivre les délégués du Ministre sur une pente aussi périlleuse qui les entraînerait à des procès interminables avec leurs propriétaires et leurs créanciers. Il n'existe actuellement aucune loi qui ait prononcé la réduction des loyers ou réduit le taux des créances hypothécaires. et, si l'État persiste dans cette manière de voir, il faudra que le Service de Santé négocie directement avec les propriétaires et les créanciers. Osera-t-il le faire ? Nous ne le pensons point, car l'État, plus que tout autre, a le devoir de prêcher d'exemple et de respecter les lois ; en prenant l'initiative de solliciter de pareilles réductions, il créerait un précédent dangereux, dont certains citoyens, mal intentionnés, ne manqueraient pas de se prévaloir à l'encontre de leurs propriétaires ou de leurs créanciers.

Au sujet du fonds de commerce, le raisonnement des délégués ministériels n'est pas moins spécieux. Ils comparent la clientèle des hôtels réquisitionnés à celle des médecins et avocats mobilisés. C'est faire une pétition de principe et confondre réquisition avec mobilisation. Sans doute, les avocats et médecins mobilisés subiront des dommages dans leur clientèle, mais ces dommages seront les mêmes pour tous et l'on peut dire que leur clientèle sommeille beaucoup plus qu'elle ne disparaît ; on ne prend pas leurs instruments de médecine ou de chirurgie. on ne pille pas leurs bibliothèques, on ne fouille pas dans leurs dossiers ; pendant leur absence. ils ne peuvent être concurrencés que par des confrères âgés ou inaptes au service armé. ce qui représente l'infime minorité. Au contraire, le dommage causé aux Hôteliers réquisitionnés est immédiat ; la clientèle de ces Hôteliers va chez leurs concurrents, qui, même mobilisés, peuvent être remplacés par leurs femmes ou leurs parents, ou par n'importe quel gérant. Leur clientèle ne sommeille pas, comme celle des avocats et des médecins, elle disparaît complètement, et, chose plus grave, elle ne reviendra plus.

Il ne faut pas oublier que le Service de Santé a principalement réquisitionné les grands hôtels dont la clientèle, avant la guerre, était particulièrement exigeante sous le rapport de l'hygiène et de la propreté. Il serait téméraire d'imaginer que cette clientèle retournera volontiers dans des immeubles qui auront la réputation de foyers d'infection et de maladies contagieuses.

L'installation des hôpitaux dans leurs maisons a mis les Hôteliers réquisitionnés dans un état d'infériorité manifeste vis-à-vis de leurs concurrents non réquisitionnés, il serait vraiment scandaleux qu'on favorisât ces derniers au détriment de ceux qui auront tout sacrifié aux besoins du pays ; il faut donc indemniser les Hôteliers de la dépréciation que la réquisition a fait subir à leur instrument de travail, que l'on a fait servir à un usage auquel il n'était pas destiné.

En faisant abandon de toute prétention pour perte de bénéfices, ou pour manque à gagner, les Hôteliers ont écarté de leurs revendications toute idée de spéculation. Ils ne veulent pas s'enrichir aux dépens de la Nation, comme tant d'autres le font en ce moment, mais ils ne veulent ni qu'on les ruine, ni qu'on les traite comme des suspects.

Ils ne peuvent concevoir que le législateur ait eu cette pensée lorsqu'il a proclamé que toutes les prestations donnent droit à des indemnités représentatives de leur valeur. Ils considèrent qu'il faut examiner la question des réquisitions en les assimilant aux expropriations.

Et dès lors, pour fixer l'indemnité représentative, il faut prendre la valeur de la chose réquisitionnée au moment de la réquisition, en faisant abstraction de la plus-value ou de la moins-value dont cette chose aurait pu bénéficier ou souffrir du fait de la guerre. Les notifications et les ordres de réquisitions qui ont atteint les Hôteliers n'ont fait aucune distinction entre ce qui serait utilisé et ce qui ne le serait pas ; on n'a point demandé à l'Hôtelier de fournir un nombre déterminé de chambres, de lits, de couvertures, de draps, de matériel de cuisine ou de table ; on a frappé l'exploitation toute entière, les titres de réquisition visent *l'hôtel lui-même* et le désignent *par son nom commercial.*

C'est donc le fonds de commerce lui-même qui a été réquisitionné, avec tous ses éléments corporels et incorporels, tels qu'ils sont définis par la loi du 17 mars 1909. Ce sont ces éléments, et tous ces éléments, sans en excepter aucun, qui doivent servir de base à la fixation de l'indemnité représentative, car ils existaient tous au moment de la dépossession.

Peu importe, au point de vue de l'appréciation de l'indemnité d'occupation que l'État n'utilise qu'une fraction des éléments de fonds si les Hôteliers ne peuvent tirer aucun parti des éléments inutilisés. Que voulez-vous que les Hôteliers fassent de la clientèle et de l'achalandage, si vous leur retirez, au préalable, les moyens de s'en servir, c'est-à-dire l'immeuble et le mobilier ?

C'est donc l'intérêt de toutes valeurs mobilières et immobilières que leurs exploitations représentaient au jour de la prise de possession, qui doit être pris en considération pour le calcul de l'indemnité d'occupation.

Il ne faut pas perdre de vue que le plus grand nombre des Hôteliers doivent des sommes considérables sur leurs immeubles et sur leur mobilier. Si l'on se borne à leur rembourser leurs loyers et à ne payer le prix de location que sur une partie de leur mobilier, il est facile d'apercevoir que les sommes ainsi versées iront aux propriétaires, aux créanciers hypothécaires et aux marchands de meubles et qu'il ne restera rien aux Hôteliers pour faire face à leurs engagements commerciaux et pour vivre, et cela contrairement au désir exprimé par le Ministre, dans sa circulaire du 25 juin 1915. L'intérêt des éléments incorporels du fonds réclamé par les Hôteliers a précisément pour but de leur permettre de vivre et de payer les intérêts de retard, qui courent au profit de leurs créanciers commerciaux et qui s'accumulent du fait du moratorium.

Signalons enfin que dans son instruction du 5 septembre, le Ministre prescrit, pour l'évaluation des réquisitions d'hôtels, la constitution de Commissions analogues à celles des Etablissements industriels. Tout en le félicitant de cette heureuse décision, qui écarte d'eux, pour jamais, le cauchemar des Commissions départementales d'évaluations amiables, les Hôteliers ne peuvent s'empêcher de regretter que le Ministre n'ait pas poussé jusqu'au bout l'assimilation des hôtels aux Etablissements industriels; ils déplorent surtout qu'il ait cru devoir engager les Commissions ainsi créées à s'inspirer, dans leurs travaux, des principes de la valeur objective.

Aucun accord amiable n'est possible avec une pareille méthode d'évaluation. S'il persiste dans cette manière de voir, le Ministre peut avoir la certitude qu'il aura autant de procès qu'il y aura d'hôtels réquisitionnés. Ce sera bien mal récompenser les Hôteliers du patriotisme dont ils ont fait preuve, les uns en donnant tout à la fois leur sang et leur fortune pour le pays (car il ne faut pas perdre de vue qu'un grand nombre sont aux armées et que beaucoup déjà sont morts pour la Patrie), les autres, en obtempérant à la réquisition avec un empressement et un désintéressement dont on aurait dû leur savoir gré.

Pour résumer, en ce qui concerne l'indemnité d'occupation, les Hôteliers demandent :

1° Qu'on prenne pour base d'évaluation, la valeur réelle qu'avait leur exploitation au moment de prise de possession, et, qu'en conséquence, l'indemnité d'occupation de leurs hôtels soit calculée à raison de 6 % de toutes les valeurs mobilières ou immobilières qu'ils représentent, en sus du remboursement du loyer, des charges, des impôts et des assurances;

2° Que des baux soient passés sur ces bases entre eux et le Service de Santé;

3° Que l'évaluation de leurs réquisitions soit confiée à des Commissions analogues à celles des établissements indus-

triels ayant une directive unique et conforme aux principes
qui viennent d'être exposés.

III. — INDEMNITÉ DE RESTITUTION

L'examen de cette indemnité se pose actuellement pour les
hôtels de certaines régions, dont le Service de Santé a décidé
la désaffectation. Le Ministre l'envisage également dans son
instruction du 5 septembre, et la soumet aussi aux règles de
la *valeur objective*. Toutefois, il apparaît déjà, par les premières difficultés rencontrées, que le règlement de cette
indemnité eût été grandement facilité si des conventions
amiables étaient intervenues au sujet de l'indemnité d'occupation.

Or, rien n'a été fait, et maintenant les deux indemnités se
superposent et l'on discute même sur les bases qui devront
servir à les établir. Les difficultés se compliquent du fait
que, dans certains cas, il n'a été dressé aucun inventaire ni
état des lieux au moment de la prise de possession ni même
au cours de la réquisition, et cela malgré les demandes réi-
térées des prestataires.

A voir la manière dont on procède, il semble que l'on
s'ingénie à faire échouer les pourparlers, car, au lieu de mettre en mouvement la Commission d'évaluation analogue à
celle des Etablissements industriels, prévue par l'Instruction
ministérielle du 5 septembre, on a jugé bon d'envoyer sur
les lieux, à Biarritz notamment, une Commission composée
d'un Médecin principal et de deux Officiers d'Administration,
du Directeur de l'Enregistrement, du Directeur des Contri-
butions directes, d'un architecte qui semble n'avoir que voix
consultative et d'un délégué du Ministre, dont le rôle ne parait
pas défini. En face de cette Commission sans compétence,
composée exclusivement de serviteurs de l'Etat, l'Hôtelier
reste seul, sans appui, sans conseil, sans même un représentant de son industrie ; on le traite comme un coupable et les
choses ne sont pas prêtes à s'arranger.

En toutes choses il faut considérer la fin ; si l'on veut mener à bien le règlement des réquisitions d'hôtels, la première chose à faire est d'en soumettre l'examen à une Commission comprenant en nombre égal des représentants de l'Etat et des compétences professionnelles, groupées sous la présidence d'une personnalité dont l'indépendance soit à l'abri de tout soupçon.

Cette Commission, elle aussi, aura à apprécier l'indemnité représentative de la valeur de la prestation fournie.

Nous n'ajouterons rien à ce que nous avons dit à ce sujet en traitant la question de l'indemnité d'occupation. Les principes ne changent pas ; ce qui est vrai pour l'une l'est également pour l'autre. Les Hôteliers établiront leurs réclamations conformément au principe de l'expropriation, dont la réquisition n'est, en définitive, que l'application spéciale au temps de guerre. La théorie de la valeur objective trouvera en eux des adversaires résolus.

Si l'on admet le principe de l'indemnité de l'occupation tel qu'ils l'ont formulé, ils feront abandon de toute demande pour perte de bénéfices et pour manque à gagner, mais ils prendront pour base de leurs revendications la valeur réelle qu'avaient leurs exploitations au jour de la dépossession, et ils demanderont comme indemnité, la différence entre cette valeur d'origine et la valeur effective de leurs exploitations au jour de la restitution.

Cette indemnité comportera la décomposition suivante :

1° Remise en état de l'immeuble et des agencements.

Cette opération devra être effectuée en prenant pour point de départ les états de lieux qui auront été dressés au moment de la prise de possession. A défaut d'état de lieux, le droit commun sera appliqué. L'instruction ministérielle du 5 septembre laisse entendre que cette remise en état sera faite par les soins du génie militaire. Les Hôteliers ne peuvent accepter cette manière de procéder ; le génie a l'habitude de construire des casernes et non des hôtels et ne pourra trouver, dans ses effectifs, les spécialistes indispensables. Les Hôteliers pensent qu'il serait préférable d'évaluer en argent l'indemnité de remise en état et de leur verser les fonds afin qu'ils puissent eux-mêmes faire effectuer les travaux.

2° *Détérioration du matériel et du mobilier.*

Le point de départ sera l'inventaire dressé au moment de la prise de possession ; s'il n'y en a pas, le droit commun reprendra son empire. Il ne saurait non plus être question de faire procéder à des réfections par les ouvriers du génie ; l'indemnité devra être évaluée en argent, les hôteliers acceptant de faire eux-mêmes les réparations nécessaires. Les matières périssables disparues devront être payées au prix d'inventaire ou au prix de facture. Enfin, il y aura lieu de tenir compte, dans la fixation des indemnités de l'usage iutensif qui aura pu être fait des immeubles et objets réquisitionnés.

3° *Désinfection de l'immeuble et des objets mobiliers.*

L'Etat devra prendre à sa charge cette désinfection et l'effectuer aussitôt après l'évacuation de l'immeuble. Cette désinfection devra être faite avec le plus grand soin et conformément au règlement sur l'hygiène publique.

4° *Frais de réinstallation.*

L'Etat devra payer de ce chef une indemnité, à laquelle viendront s'ajouter les frais que les Hôteliers pourront justifier avoir faits pour la désinstallation, qui aura précédé la prise de possession.

La réinstallation complète sera longue et difficile, tant à cause du défaut de main-d'œuvre qu'à raison de l'importance des travaux à effectuer, il n'est pas exagéré de prévoir un minimum de trois mois pour cette opération ; pour les dédommager de cette perte de temps, les hôteliers estiment qu'il conviendrait de leur payer une indemnité supplémentaire équivalente à trois mois de l'indemnité d'occupation.

5° Préjudice causé à l'exploitation.

Dans certains cas particuliers, il pourra y avoir lieu à indemnité pour préjudice causé à l'exploitation. Certains hôtels ont entièrement perdu leur clientèle ou une partie de leur clientèle, et il est juste qu'ils en soient indemnisés, s'ils peuvent établir que cette perte de clientèle est la conséquence de la réquisition ou de l'usage qui aura été fait de l'hôtel réquisitionné.

Telles sont, résumées dans les grandes lignes, les bases sur lesquelles devront être calculées les indemnités de restitution. Il est cependant un point sur lequel il faut insister en terminant : c'est que les opérations auxquelles donnera lieu la fixation de l'indemnité de restitution devront être effectuées dans un délai très court après l'époque indiquée pour l'évacuation de l'hôtel. Les Hôteliers ne pourront, en effet, entreprendre aucuns travaux de réinstallation, tant qu'on aura pas constaté officiellement, et sous une forme opposable aux deux parties, l'état dans lequel se trouveront, au jour de la restitution, les lieux et objets réquisitionnés. Pour les mêmes raisons, et si l'on tombe d'accord sur le montant de l'indemnité, le paiement devra suivre immédiatement. S'il reste des points en discussion, il sera juste que l'on verse, sans attendre plus longtemps, des acomptes au moins équivalents aux chefs de réclamation sur lesquels on sera tombé d'accord. Même si le désaccord subsiste sur tous les points, comme le principe de l'indemnité ne saurait être nié, l'Hôtelier devra néanmoins recevoir des acomptes assez importants pour lui permettre de commencer utilement ses travaux.

IV. — CONCLUSIONS

S'il est une industrie qui mérite de retenir, même à cette époque troublée, la sollicitude des Pouvoirs publics, c'est incontestablement l'Industrie hôtelière, et cela non seulement à cause de la place prépondérante qu'elle occupait avant la guerre, dans notre commerce intérieur, non seulement en raison des services qu'elle a rendus au Pays, pendant la guerre, en contribuant à rétablir la santé de nos soldats, mais surtout en prévision du rôle important qu'elle est appelée à jouer, après la guerre, pour faciliter la reprise des affaires, et le retour de notre or momentanément disparu.

Nulle industrie ne contribuera plus qu'elle au relèvement de la prospérité nationale ; on peut même ajouter qu'elle est un instrument indispensable à la mise en marche des autres industries et à la réorganisation du mouvement commercial en France.

Nous vivons à une époque de circulation intense ; les uns voyagent pour leurs plaisirs, les autres, et ce sont les plus nombreux, voyagent pour leurs affaires. L'hôtel est aussi nécessaire au voyageur que les routes, les chemins de fer et les bateaux ; il est l'aboutissant logique, le terminus obligatoire de tous les moyens de locomotion. Recherchez sur la carte du monde les pays sans hôtels, ils n'ont ni commerce ni industrie ; ce sont des peuplades sauvages et barbares où la civilisation n'existe même pas. Considérez, au contraire, les pays riches, ce sont ceux qui ont les moyens de communications les plus développés, ce sont ceux qui ont les hôtels les plus nombreux et les plus prospères. Dans certaines régions, comme la Suisse, l'Industrie hôtelière a fait la fortune du pays, elle est devenue l'Industrie nationale.

Mais cela n'est pas tout ; l'hôtel moderne, avec ses besoins multiples et variés, est lui-même un client de premier ordre pour une quantité considérable d'industries. En outre des commerces d'alimentation dont elle est, sans contredit, le plus gros consommateur, l'Hôtellerie met en œuvre toutes les industries du bâtiment, toutes les formes de l'entreprise ; l'hôtel tend, de plus en plus, à devenir une vaste usine, à laquelle il faut de la force motrice, de la lumière, de la chaleur et même du froid, et par dessus tout cela, du confort, du luxe, une bonne table et des vins généreux. L'Industrie hôtelière revendique, avec quelque fierté, le privilège de donner du travail à tous les corps d'état, et d'être, en même temps, une source inépuisable de profits pour nos vignerons et nos cultivateurs.

C'est par centaines de millions que se chiffrent les capitaux engagés dans l'industrie hôtelière, c'est par centaines de mille que se comptent les serviteurs qu'elle emploie. Ils représentent, à eux seuls, plusieurs corps d'armée, dont la guerre actuelle va réduire considérablement les effectifs. Il faudra combler tous ces vides ; il faudra aussi remplacer tout ce personnel austro-allemand que les Hôteliers subissaient à contre-cœur et dont ils ne veulent plus à aucun prix. Le recrutement du personnel, après la guerre, est un problème redoutable que les Hôteliers envisagent avec angoisse ; ils sont décidés à ouvrir largement leurs portes à la main-d'œuvre féminine et à faire aux travailleurs intelligents et actifs des situations, dont ils trouveront difficilement l'équivalent ailleurs.

Quand les combattants auront déposé les armes, les peuples étrangers qui assistent, sans y prendre part, à la lutte formidable des Nations, éprouveront l'impérieuse nécessité de nous rendre l'or, au prix duquel ils nous vendent aujourd'hui des matières premières et des munitions ; nos alliés eux-mêmes, animés du désir de resserrer, sur le terrain des affaires, les liens d'étroite amitié noués sur le champ de bataille, viendront, eux aussi, nous apporter leur or. Les voyages et les exportations reprendront avec une intensité jusqu'alors inconnue, chacun de nous sentant le besoin de consolider la victoire de nos armes par la ruine économique des puissances centrales, causes de tant de ruines et de tant de malheurs.

A ce moment, les hôtels devront être prêts à recevoir, toutes portes ouvertes, les voyageurs du monde entier ; c'est par les guichets des hôtels que rentreront en France les monceaux d'or exportés pour les besoins de la défense nationale.

Voilà pourquoi les Hôteliers défendent avec énergie, contre les imprévoyances du Service de Santé, une Industrie, qui est la sauvegarde de toutes les autres. Que l'on veuille bien y réfléchir sérieusement, et l'on verra que la question des

réquisitions d'hôtels dépasse la limite des intérêts particuliers, qui comptent pour bien peu de chose aux heures tragi-
ques que nous vivons, et que, de son équitable et rapide
solution, dépendent en grande partie : la rentrée de notre or,
le rétablissement de notre crédit et la reprise du travail.

La Bourboule, le 15 octobre 1915.

Le Président de l'Auberge,
F. LEQUIME.

9 782019 928780